Philarète Chasles

Les Salons
en France
et en Angleterre
au XVIIIe siècle

Critique

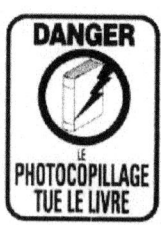
ISBN : 978-1985063068

10 9 8 7 6 5 4 3 2 1

Philarète Chasles

Les Salons en France et en Angleterre au XVIIIe siècle

Critique

Table de Matières

Les Salons en France et en Angleterre au XVIIIe siècle

L'influence des idées sur les idées et d'une littérature sur une littérature laisse sa trace dans les livres : on peut l'y retrouver ; mais l'action vivante de l'homme sur l'homme, d'une société sur une société voisine, s'évanouit quand le tombeau s'est ouvert pour les générations de diverses races.

Si l'on espère découvrir quelque part ce prestige fugitif des changements de la destinée humaine, ce ne sera pas la littérature proprement dite qui l'offrira, mais tout ce qui a été fait, dit ou écrit pour ne pas être imprimé ; de là sortent les révélations ; là on prend la vie, la parole, le geste sur le fait : lettres, correspondances, billets, portraits, meubles, journaux, comptes-courants, débris de l'existence domestique, peuvent servir à cette œuvre. Les *Lettres de Garrick*, celles de *mistriss Piozzi*, celles de *George Selwyn*, récemment publiées à Londres, peuvent avoir ce genre d'utilité, et c'est la seule.

Ce dernier livre, édité par M. Heneage Jesse, est peu de chose en lui-même. On imprime, un siècle après, les billets que George Selwyn entassait dans son secrétaire. Selwyn ne prenait aucune part aux affaires littéraires et politiques. Ce n'était même pas un homme de valeur ; il avait de l'esprit et surtout la repartie facile, un beau gilet de velours, une simplicité d'excellent goût dans sa parure, un fond d'ennui qui l'empêchait de montrer des prétentions et de blesser les autres, un besoin de sensations qui l'envoyait tour à tour à la table de jeu, et à Tyburn pour y voir pendre. Sa débauche n'avait rien d'effréné, son jeu rien de violent ; ses amours comptaient à peine. Rien de sérieux et d'important ne traverse sa correspondance ; lady Hervey a un équipage, tel mari divorce, tel autre devrait divorcer ; il y a du scandale chez White autour de la table de jeu Selwyn et ses amis ne pensent pas à autre chose. Walpole, le héros de leur monde, s'élève un peu plus haut, il se fait collecteur et amateur de curiosités ; aussi se moque-t-on de lui dans son cercle. Ami de Mme Du Deffand, il introduit auprès de la vieille femme qui s'ennuie ce grand personnage au sourire fatigué, dont le corps plie comme un saule, et dont l'œil terne et à demi fermé semble inattentif à tout ce qui se passe : c'est Selwyn.

Sa pose est nonchalante, son air froid, sa tenue remarquable par une négligence de bon ton, et son costume sans faste ; la simplicité en est *nice*, comme disent les Anglais, comme nous disions autrefois, — un des excellents mots que nous avons perdus. Eh bien ! cet homme qui sait écouter (grand art), qui sourit à peine, qui laisse tomber languissamment une épigramme de ses lèvres pâles, et joue un jeu d'enfer sans paraître ému le moins du monde, c'est l'homme d'esprit et l'homme à la mode de 1750 ; on applaudit son silence, et quand il a dit *il fait chaud*, on le trouve profond.

Tout à l'heure il aura perdu cent guinées au pharaon, et, prenant le bras de son ami Fox, tous deux s'en iront gaiement à la chambre, lui pour dormir sur les bancs des ministres, Fox pour hurler de très belles choses contre ces ministres. Il passera ensuite dans les couloirs de la chambre haute où il trouvera l'Écossais lord March, son bon ami, ce petit homme aux cheveux grisonnants, que vous voyez se dandiner là-bas, et qui le conduira chez une de ses pensionnaires, car il en a beaucoup ; la Zamperini, la Tondino, la Rena, — italiennes ; — miss Helena et miss Barbara, anglaises, et dix-neuf autres. — Les Italiennes l'emportaient dans son cœur ; il appréciait surtout les Vénitiennes, et parmi ces dernières la Zamperini, un petit minois, un diable difficile à déchiffrer, fossettes souriantes, yeux fendus en amandes et étincelants de malice, je ne sais quoi du singe et de l'oiseau ; le caprice écrit sur tous les traits, la peau plus que brune, la dent plus que blanche, beaucoup de la bohémienne ; Reynolds a fait d'elle un charmant portrait. George Selwyn s'en va souper là ; c'est un si bon garçon, et si peu à craindre dans les ménages !

Notre homme avait aussi des mélanges dans son caractère et dans ses habitudes. Il était frivole comme le vent, léger comme la paille, amoureux de toute chose nouvelle, incapable de sérieux en rien, et surtout dans le mal ; vaniteux, aimable, sans passion, un bijou de salon. Il restait froid en disant de jolies choses, et ses épigrammes plaisaient davantage ; mais ce qu'il aimait par-dessus un bon mot, c'était une exécution à mort, et, plus que l'exécution, la tête coupée ; il payait cette curiosité fort cher. Un enfant rose et frais le charmait aussi ; — un bel enfant et un vieux pendu ! quels goûts ! On n'est pas plus blasé que cela. Comme son atmosphère à lui était le salon, qu'il ne connaissait ni les rues ni les forêts, que la chambre des communes l'ennuyait, que la table de jeu le fatiguait, et que d'ailleurs cette vie factice et brûlante a ses tristes retours, il trouvait dans l'enfance la naïveté de la vie qui éclot, et dans l'échafaud la naïveté de la mort.

Qu'un tel homme soit historique, voilà ce qui surprend. Il l'est comme ami de Walpole ; ses lettres expliquent bien la double société d'Angleterre et de France, les salons de Mme Du Deffand et de lady Hervey. On n'a qu'à se retourner : à droite la France, à gauche l'Angleterre ; deux pays nouveaux l'un pour l'autre et qui se touchent.

J'ai demandé souvent compte aux historiens littéraires, comme aux historiens politiques, de l'habitude qu'ils ont prise d'examiner seulement une fraction de l'Europe, un point isolé de l'ensemble. S'il n'est comparé avec ce qui l'entoure, ce point isolé n'a aucune valeur. Les histoires du XVIe siècle, en France, seront toutes incomplètes tant qu'on n'aura pas renoué les liens qui rattachent intimement l'Allemagne et l'Italie de cette époque à la France, à l'Angleterre et à l'Espagne. Oui, c'est charmant à voir, le XVIIIe siècle de Voltaire ! Quelle gaieté ! quelle tristesse ! comme tout s'agite et se précipite ! Mais l'Angleterre de Bolingbroke et de Chatham renferme et cache le ressort de ces agitations. Il faut les étudier ensemble et les détacher cependant. L'Angleterre du XVIIIe siècle, magnifique étude, est tellement complexe, qu'on doit, pour la comprendre, analyser la France de bien près, dans ses mœurs plus que dans ses livres et les comparer l'une à l'autre.

La tâche n'est pas aisée, tant les deux nations se ressemblent peu, tout en paraissant se mêler. Pendant que notre régence et le doux règne de Louis XV nous berçaient sur le penchant de la révolution, le fond de la société anglaise était dramatique et même tragique. Partout, chez la bourgeoisie, commerçante et whig ; chez l'aristocratie, ambitieuse et tory ; chez le peuple, âpre, calviniste et haineux, un intérêt vif, des vengeances, des repentirs, des craintes et des espérances. Les *profigates* eux-mêmes, le duc de Wharton, par exemple, avaient un caractère romanesque ; il était emphatique dans le vice, comme Young, son ami, l'était en poésie.

Pas de faculté qui ne se développât hardiment, de goût qui ne trouvât ses sympathies et son groupe, d'ambition qui ne déployât ses ailes et ne prit l'essor. Dans ce château, près de Newbury, les rideaux baissés, vingt bougies allumées à midi, le débauché Wilk-es célèbre ses orgies, et donne au suzerain du lieu l'accolade de l'athéisme. A Londres, aux environs de Westminster, les bour-geoises accourent chez un saint, le *Sinner Saved*, qui demeure sous les combles, arrache de leurs yeux tant de larmes, verse dans leurs âmes tant de discours et dans leurs esprits tant de lumières, que la veuve du lord-maire finit par l'épouser. Selwyn joue, Sheridan boit, Richardson endoctrine les dévotes, Fielding étudie les vo-leurs, Burke pérore éloquemment devant les banquettes, Horace Walpole fait la chasse aux vieux portraits, Gray pleure, Foote rit, Sterne rêve, Goldsmith baye aux corneilles, Clive met un quart de l'Hindoustan dans la poche de l'Angleterre ; l'Amérique septentrio-nale se détache, et Franklin se promène au bord de la Tamise en se moquant des Anglais. De 1710 à 1799, la Grande-Bretagne est tout cela, et cette histoire aux mille faces n'a pas été écrite, même par les nationaux.

Nous, cependant, nous nous laissions aller mollement au cours fatal des choses humaines. Nous venions d'imposer la loi à toute l'Europe ; la vieillesse solennelle et lugubrement majestueuse de Louis XIV se prolonge, l'influence française s'affaiblit. Triste époque ; Campistron décalque Racine ; le grand homme, c'est Fon-tenelle ; la stupidité dévote du duc d'Anjou, devenu roi d'Espagne, déshonore son aïeul et son trône. *Ce petit-fils de Louis XIV*, comme le dit si bien an diplomate, *entre, sceptre en main, dans la poche de la des Ursins.* — Turcaret inaugure par la satire du vol universel un siècle que Figaro doit enterrer par la satire de la bassesse chez les grands et de la rapacité chez les petits. Siècle magnifique pourtant, fertile en génie et en voluptés, plein de grains et de splendeurs, et plus intéressant encore par sa catastrophe inévitable.

Il faut bien le dire, puisque telle est la vérité, la société se désor-ganisait en France, elle s'organisait en Angleterre. Paris applaudit à la triste gaieté d'un chef-d'œuvre, *Turcaret* ; Londres fait Addison ministre pour avoir écrit ce grave et doux sermon périodique in-titulé le *Spectateur*. Il fallait bien que l'Angleterre eût son temps de perfection relative, et atteignit l'apogée de son mode social ; la France monarchique avait trouvé sa belle époque sous Louis XIV, et rien chez les Anglais ne peut se comparer à cela.

La France mal gérée faisait trois fois de suite banqueroute. L'An-

gleterre, admirablement administrée, créait la caisse d'amortisse-
ment, les banques et les caisses d'épargne. La France, comme un
prodigue déjà ruiné, avait recours aux prêts usuraires. L'Angleterre,
comme un bourgeois économe, était prévoyante même dans son
luxe. Ainsi la monarchie mourait chez nous, et le gouvernement
des chambres grandissait chez nos voisins. C'est bien assez pour
expliquer la révolution.

Il est inutile d'appuyer sur l'antithèse des deux sociétés anglaise
et française à cette époque, l'une toute d'ambition et de vie pra-
tique, l'autre toute de volupté et de théorie. Quant à soutenir avec
le docteur Schlosser de Heidelberg[1] que la France et l'Angleterre
se confondirent au XVIIIe siècle pour les mœurs comme pour les
idées, cela est impossible, et nous le reconnaîtrons bientôt. Jamais
l'Angleterre ne fut française ; jamais, au plus fort de notre anglo-
manie, nous n'avons abdiqué notre caractère. La liaison des deux
peuples, composée d'antipathie et d'entraînement, fut d'autant plus
piquante, que l'étonnement se mêlait au désir, et que l'on cherchait
à se comprendre sans y réussir toujours. Cette attraction et cette
répulsion, ce mouvement double et irrésistible, comment s'opé-
ra-t-il ? Que produisit-il ? D'où venaient les courants électriques ?
Quels en ont été les moteurs et les résultats ? L'étude invite à l'analyse.

Ces deux sociétés se rencontrent, s'éclairent, s'étonnent, et
cherchent à se pénétrer. Quelle impression mutuelle résulta de leur
double apparition et de leur choc ? Il n'y avait pas, à vrai dire, de
salons en Angleterre, mais des clubs, des bals, des théâtres, des
châteaux, un sénat, et dans le fond la vie domestique. Nous avions,
nous, le salon de Mme de Tencin, les coteries de Mme Geoffrin, de
Mme Du Deffand, de Mme de Lespinasse et du baron d'Holbach ;
mais nous n'avions pas de vie publique. Avant d'imiter les Anglais,
il nous fallait comprendre une organisation sociale contraire à nos
habitudes ; ce qui n'était pas facile.

Sous Mazarin, la France connaissait si peu l'Angleterre, que le
poète Saint-Amant, voyageant dans cette région ignorée, signa-
lait *Fairfax* (milord : Ferreface) comme protecteur des îles bri-
tanniques. La fille de notre Henri IV, la jeune Henriette, n'exerça
aucune influence sur les sujets de son mari, et son mari lui-même,

---

1 *Geschichte des XVIII th. Jardunderts*, 2e theil., 3 abth. Leipzig, 1843.

qui chassa les femmes de chambre françaises et les chapelains ca-
tholiques de sa femme éplorée, ne fut point vis-à-vis d'elle l'esclave
timide et faible que l'on a prétendu.

Les rapports des deux nations ne devinrent pas plus intimes
lorsque Charles II habita le Louvre et reçut l'hospitalité française.
On se moquait à Paris de ce roi « qui n'avait pas un fagot, dit Claren-
don dans une de ses lettres, pour chauffer les grandes cheminées
du palais, et qui n'osait plus sortir parce qu'il n'avait pas payé le
cordonnier, le tailleur et le boulanger, qui devenaient importuns
(*clamorous*). » Il rapporta, il est vrai, de son exil un goût vif pour
notre civilisation et nos mœurs, et plus tard Mme de Querouailles
lui fut adressée par Louis XIV, afin de le maintenir dans ses inten-
tions sympathiques. Vers le même temps Saint-Évremont jouait au
quinola, du côté de Blackfriars, avec Hortense Mancini, devenue
vieille, mais toujours coquette, et les grandes dames de Londres
imitaient de leur mieux les airs magnifiques et les vivacités hardies
de M'ne de Montespan.

Ce fut pour Whitehall une époque d'imitation française, ou plutôt de recherche burlesque et de prétentieuse copie de nos mœurs.
La grâce, qui est l'exquis de la convenance, et qui ne se passe jamais
de sobriété, échappait à ces rudes imitateurs des Lauzun et des La
Feuillade. Quant au peuple, qui se tenait à l'écart, il se renfermait
dans sa haine et dans sa Bible. Une anecdote contemporaine m'a
toujours profondément frappé ; elle met en regard l'élément factice
qui doit disparaître et l'élément vital qui doit régner un jour dans
la société anglaise. Charles II en bonne fortune, à son ordinaire, se
promenait sur les dunes de Brighton, par une belle matinée d'été,
en compagnie de cette jeune et jolie marchande d'oranges, Nel-
ly Gwynn, la seule de ses sultanes qui l'ait sincèrement aimé. Au
détour d'un sentier, dans le creux d'un vallon formé par les sables
mobiles, était couché un jeune enfant du peuple, berger de quinze
ans, bronzé par le soleil, à peine vêtu, et qui lisait attentivement
une vieille Bible in-folio ; levant les yeux vers le roi et vers sa suite,
il les reporta aussitôt sur le volume et continua de lire.

Cependant l'exemple du monarque avait gagné toute sa cour ;
quiconque voulait plaire imitait la galanterie de Versailles et
l'outrait jusqu'à la briser ; le théâtre abondait en traductions du
français, misérables parodies de la grâce copiée par la licence. *Le*

Bourgeois gentilhomme, imité par Ravenscroft, *Amphitryon*, par Dryden, donnent la nausée. On ose à peine redire ce qui se faisait alors à la cour de Charles II. La peinture de ces mœurs, telle que la plume fine de Hamilton l'a donnée, est singulièrement adoucie. La haute société vivait en général dans deux ménages, l'un légitime et oublié, l'autre illégitime et mobile : on connaissait cette fraction de la société contemporaine sous le beau nom de *keeping part*, ce qui ne peut guère se traduire. Le peuple croyait de bonne foi que c'étaient là les mœurs de la France, et les puritains détestaient, autant que les courtisans admiraient cette parodie de Louis XIV, un roi placé entre deux maîtresses qui n'avaient plus de beauté, l'une la duchesse de Cleveland, qui le trompait, l'autre la duchesse de Portsmouth (Mlle de Querouailies), qui le vendait.

Aussi, ne voit-on pas que ce mouvement ait pénétré bien loin dans la société anglaise, dont le fond et le centre résistaient avec une âpreté décisive, à l'inoculation maladroite de l'imitation française. La France, malgré l'aimable ambassadeur Mathieu Prior, ne goûtait pas davantage le peu qu'elle entrevoyait de l'Angleterre. En définitive, on se dénigrait, on se méprisait et l'on s'ignorait.

Tels étaient les rapports des deux peuples.

Au moment du triomphe calviniste en Angleterre, en 1688 seulement, la première infusion et le premier mélange du goût anglais se laissent pressentir en France, avec la cour de Saint-Germain, le triste Jacques il, ses fidèles Irlandais et Hamilton. C'est là le vrai point de jonction des deux sociétés rivales. Bolingbroke vient ensuite.

Un jour, dans le salon de Mme de Tencin, qui aspirait à la succession de Ninon de Lenclos, et que Dubois daignait alors protéger de son amour, on vit paraître au milieu des gens de plaisir et d'esprit qui le remplissaient un Anglais extraordinaire. Beau, de faciles manières, le vrai grand seigneur, leste dans ses discours, plus hardi dans sa galanterie que les jeunes ducs de la régence, plus profane que ce *méchant Nocé*,[1] racontant bien, parlant philosophie mieux que Gassendi et impiété mieux que Chaulieu, doué de la faculté de séduire, de dominer et d'entraîner, il fût bientôt le maître de ce brillant mauvais lieu, que des aventures sanglantes rendirent célèbre plus tard, et se trouve placé d'une si singulière façon au seuil

1 V. *Mémoires de Charlotte de Bavière.*

même de la régence. C'était en 1715. Le duc d'Orléans, après avoir démonté pièce à pièce la vieille cour et détruit d'avance le pouvoir des bâtards, faisait casser par le parlement le testament de Louis XIV le lendemain même de la mort du grand roi ; après avoir écrit ce testament sous la dictée du monarque, le président Voisin aidait à le détruire ; tout respect pour la monarchie et l'hérédité tombait à la fois, et une scène digne de Gil Blas se jouait sur le grand théâtre de la politique. Alors brilla au milieu de cette société ardente et frivole cet Anglais devenu l'amant de Mme de Tencin après tant d'autres et avant tant d'autres, homme bien autrement énergique et impétueux que tout ce qui l'environnait. C'était Bolingbroke.

Il s'était échappé de Londres exactement comme le dandy Brummell ; mais l'exil de Bolingbroke avait des causes élevées, si ce n'est honorables. Il savait que les whigs l'abhorraient, que le rigorisme calviniste exécrait ses débauches, que George II, qui venait de monter sur le trône, ne ménagerait pas le premier ministre des tories, et qu'il y allait de sa tête. Un soir, il parut à l'Opéra, plus brillant que jamais, demanda pour le lendemain, selon l'usage des grands seigneurs, une représentation à sa convenance, et partit pour la France, « avec une grande perruque sans poudre, » et sous la livrée d'un valet de chambre français. Il arrachait aux calvinistes la proie dont ils étaient le plus avides, leur vengeance contre l'homme du pouvoir, contre l'écrivain blasphémateur, le voluptueux et l'homme à la mode.

On a trop vanté le style de Bolingbroke, style pâteux et facile, emphatique et inégal, assez semblable à la prose indécise de Mirabeau fils, style qui réclame l'influence personnelle, qui veut être parlé, non écrit. Ce qui plaisait dans ses livres et sa conversation, à cette époque d'ennui moral et de reconstruction ardemment pressentie, c'était une raison hautaine qui appelait à son tribunal toutes les traditions et les autorités. Aussi effrayait-il profondément les hommes de l'église anglicane. Les puritains, qui l'avaient élevé, auxquels il appartenait par sa naissance, lui avaient appris cette audace du jugement personnel, cet isolement orgueilleux de la raison. L'arme une fois trempée, il l'avait tournée contre ses instituteurs.

Par ses ancêtres et sa jeunesse, il tenait à la race des partisans de Cromwell, et comme ses passions avaient trouvé en eux des ennemis et des accusateurs, il les avait haïs comme il savait haïr : il était devenu tory. Ainsi s'explique ce caractère singulier que toute discipline révoltait pour lui-même, et qui voulait fonder ou assurer l'autorité sur tous ; puritain incrédule, épicurien et homme de pouvoir, il charma autant qu'il effraya les salons français par ce mélange si nouveau pour nous ; et quand Voltaire, à vingt ans, rencontra chez l'abbé de Chaulieu cet exilé qui détruisait la Bible, haranguait comme Périclès, raillait ses ennemis, se moquait des formules et enlevait aux seigneurs leurs plus belles maîtresses, le jeune fils du notaire crut voir sortir du tombeau l'Alcibiade des temps anciens.

Ce devaient être de charmants soupers que ceux auxquels assistaient ; Voltaire à vingt ans, le vieux Chaulieu, Bolingbroke exilé, le comte Hamilton, le plus délicat des esprits. Ces échanges de pensée ne laissent pas trace dans les livres, la puissance électrique n'en laisse aucune à travers l'espace parcouru ; mais certes, dès l'année 1720, un XVIIIe siècle bien préparé se trouvait là. Le désir de la vie politique et l'impiété de haut goût y pénétraient avec Bolingbroke. La révélation croulait ; le règne des capacités politiques était substitué en théorie au règne des pouvoirs hiérarchiques. Bientôt fatigué du tourbillon frivole qui emporte vers le plaisir les jeunes courtisans de la régence, Bolingbroke se marie à Mme de Villette, et vient habiter, près d'Orléans, *la Source*, domaine charmant où le Loiret commence son cours. A la Source, auprès de cette petite rivière couverte de joncs, et dont Boucher aurait fait volontiers le portrait, le jeune Voltaire vient écouter les leçons de l'Alcibiade exilé et du libre penseur ; il y passe plusieurs mois. Cet esprit infiniment plus vif et plus alerte que Bolingbroke vient recevoir de l'homme du monde et de l'homme politique l'impulsion- générale de sa vie intellectuelle et de son influence future.

Chacun d'eux y trouvait son compte ; Voltaire puisait d'avance à cette nouvelle et vaste source qui jaillissait pour lui d'une région hardie, inconnue, féconde, et qui allait abreuver tout un siècle. L'homme d'état, de son côté, savait ce que vaut pour ses amis et ses ennemis un homme d'esprit qui tient la plume. De retour à Londres en 1725, ce même Bolingbroke, qui avait des nerfs d'acier, qui écrivait mal, qui parlait bien, se retrouve encore au milieu des gens de lettres. Il appelle à lui et s'attache pour toujours la spirituelle et gracieuse coterie des Gay, des Swift, des Arbuthnot, groupés autour de la belle duchesse de Queensberry, et que Voltaire a connus, avant de remplir le siècle de son combat et de sa renommée. Séduit par la parole et la conversation de Bolingbroke, il se rendit à Londres, cette même année où les *Voyages de Gulliver*, expression de la misanthropie la plus âcre ; venaient de paraître. Notez que la chute de Bolingbroke, tory libéral, avait entraîné celle de Swift, son partisan, et que l'homme de plume n'avait pas résisté au désastre que l'homme du monde supportait sans blêmir.

Le premier anneau, mais bien faible, est donc Hamilton en France ; bientôt Bolingbroke pénètre dans la société de Mme de Tencin, et fait l'éducation morale de Voltaire. A ces relations succèdent celles de Destouches, l'auteur comique chargé d'affaires de l'abbé Dubois près de la cour d'Angleterre ; il n'a fait, selon moi, qu'une bonne comédie, et celle-là, il ne l'a point écrite ; c'est quand il a prié le chef de l'église anglicane de demander au pape la barrette de cardinal pour son maître et l'a obtenue.

Le régent s'était montré favorable à l'inoculation anglaise. Il aimait le Nord, et il était du Nord par sa mère. Tout ce qui s'oppose à lui est du Midi : c'est Cellamare, l'Espagne, Rome, Alberoni. Il se laisse séduire par le financier Law, Écossais, qui eut le tort de venir mal à propos, et de ne pas examiner d'assez près les éléments sur lesquels il voulait agir. Cet homme aimable, que la vue des plaies de la France jeta dans la volupté, et qui eut le coup d'œil si net et si ferme en politique, comprenait que le rôle actif du Midi était terminé ; fils d'Allemande, il penchait vers l'Allemagne et l'Angleterre. Ses mœurs furent un scandale, sans doute, mais sa politique sauva la France pendant quelque temps.

La pâle influence de Destouches eut bientôt cédé la place à la vive et forte action de deux hommes que les doctrines anglaises ont pénétrés Voltaire, ami de Bolingbroke et son élève ; Montesquieu, ami de lord Chesterfield, et membre de la Société royale de Londres. Ce n'est plus l'Angleterre des Stuarts qui copie burlesquement la France de Louis XIV ; c'est la France énervée de Louis XV s'inoculant la sève politique du vieux pays saxon. Bientôt le mouvement se précipite ; de tous côtés, les anneaux se lient, les rapports s'établissent. On admire à Paris la belle Marie Hervey, à demi française ; Sterne le sentimental touche Crébillon fils le libertin ; le salon de Mme Du Deffand s'ouvre aux amis de Walpole ;

Wilkes paraît chez Mme Geoffrin, et effraie tout ce monde brillant et doux de sa vivacité hardie et de son langage impudent ; Mme de Boufflers ne veut pas quitter Londres sans voir la curiosité du pays, le dictionnaire vivant, le moraliste in-folio, Samuel Johnson. On se dispute à Paris le fameux Garrick, descendant des Garrigues de Provence, et qui apprend à Préville comment il faut être gris sur la scène. Hume se laissé adorer par les belles dames ; Gibbon vient recueillir les influences de Voltaire ; il ne manque plus à cette grande mêlée que l'arrivée de Franklin, le départ et les combats de M. de Lafayette, pour achever ce que le docteur Schlosser appelle la fusion des deux races et des deux peuples.

Cette fusion était-elle profonde, était-elle réelle ? Non, certes. Pour se trouver dans les désirs et les esprits, elle n'existait pas davantage dans les faits.

Sous la reine Anne, la société anglaise, même la plus haute, n'avait pas encore deviné, tant s'en faut, l'exquis et le gracieux du monde français. Les hommes les plus distingués vivaient dans les clubs. En 1730, Addison dictait à ses compatriotes, dans le Spectateur, de véritables règles de civilité puérile, qui rappellent celles de Catherine de Russie : « On ôtera son chapeau. » Marie Wortley Montagu, femme d'ambassadeur, se faisait remarquer par le peu de soin de son costume, et osait publier une ballade licencieuse contre une de ses amies, lady Murray, femme fort estimée, à laquelle un laquais avait fait outrage, « bien que, dit le malin Walpole, elle fût protégée contre de telles offenses par une défense de rides plus nombreuses que l'on n'en vit jamais autour d'une figure humaine. » Il restait quelque chose de farouche dans le vice, d'effréné dans l'élégance, de violent dans le bon ton, de féroce dans l'austérité, de fanatique dans la religion. Addison naquit au moment où ces teintes contraires pouvaient s'adoucir et se fondre au profit de la sociabilité, et dut sa gloire à cet à-propos de son talent.

Addison éteint la débauche chez les gens de cour, et leur en fait honte ; il adoucit la rude piété des gens de roture, et leur persuade d'être aimables. C'est là sa mission. Aussi cette douce sévérité d'Addison fut-elle accueillie d'un sourire universel et d'une reconnaissance générale. Grace à l'onction d'un style naturel sans faiblesse et grave sans emphase, cet heureux esprit devint l'instituteur de son temps ; la censure bourgeoise des mœurs publiques s'installa et prit rang dans les habitudes.

Quant à la France, elle est bien loin encore de cette admiration pour la vertu bourgeoise, que Diderot lui communiquera plus tard ; ce qu'elle admire, c'est lord Stormond, le jeune Anglais, magnifique, beau, et qui avait le don de plaire. Les salons s'ouvraient d'eux-mêmes à Stormond comme à Bolingbroke ; mais, dans les habitudes, rien ne se touchait encore ; une femme du grand monde se chargea de ce soin délicat et n'y réussit pas davantage.

Dans l'histoire de ce magnétisme des mœurs réciproques des deux nations, lady Hervey ne peut être oubliée ; elle continua Bolingbroke et l'ambassadeur Stormond. C'était une beauté, ou plutôt la beauté de son temps, ce qui ne prouve pas qu'elle fût la plus belle. Enfin la mode l'avait adoptée, et cet attrait charmant, le ton du monde et la bonne humeur, la placèrent au rang des idoles. Elle ne se gâta pas au milieu de l'adoration générale, et ne devint ni pédante comme cette spirituelle lady Montagu, ni écervelée comme la duchesse de Kingston, ni folle d'amour comme la pauvre miss Howe, dont vous pouvez lire dans les journaux du temps la pathétique histoire ; reine d'une saison, qui mourut le cœur brisé, et ne put abriter son repentir et son amour dans la cellule de Mlle de La Vallière. Gay, Pope, Voltaire, lord Chesterfield furent les admirateurs constants de lady Hervey, qui eut bientôt occasion de connaître la France, et de s'y plaire. Elle était, dit Chesterfield, « l'essence de tout ce qui est aimable, » et, malgré les hommages nombreux dont on l'environnait quand elle n'était encore que Marie Lepel, demoiselle d'honneur de la princesse de Galles, elle trouvait cette société, demi-puritaine et demi-débauchée, bien bruyante dans ses goûts, bien violente dans ses plaisirs.

La dynastie des Nassau avait corrigé la licence des courtisans de Charles II ; la brutalité était restée. « Je me rendis en bateau à Hampton-Court, dit Pope dans une de ses piquantes lettres si vivement et si nettement écrites, n'ayant pour escorte que ma seule vertu : elle ne réussit point à me cacher à tous les yeux ; le prince de Galles m'aperçut suivi de ses demoiselles d'honneur qui revenaient de la chasse. La belle vie ! Déjeuner avec du jambon de Westphalie ; monter un cheval de louage, et lui faire sauter ravins et haies ; revenir à midi avec la fièvre et le front marqué, ce qui est mille fois plus triste, d'un sillon pourpre imprimé par un chapeau trop étroit ;

voilà des préparations excellentes pour faire de bonnes femmes de chasseurs, prolifiques créatrices d'une multitude de marmots gras et roses. A peine a-t-on essuyé la transpiration dont on est couvert, on attend une bonne heure chez la princesse, dans un grand appartement froid, et l'on babille en prenant un rhume ; puis à dîner, comme dit Shakespeare, avec ou sans appétit, et jusqu'à minuit, bâiller, rêver ou travailler. Un ermitage dans les bois, avec un pigeonnier par derrière et une montagne en perspective, est plus agréable en vérité. Miss Lepel (lady Hervey) en est convenue avec moi ; et ce qui prouve, son ennui profond, c'est que nous nous sommes promenés trois ou quatre heures ensemble, au clair de la lune, sans rencontrer personne que sa majesté qui donnait audience au grand chambellan sous le mur du jardin. »

La demoiselle d'honneur mariée vint en France, y resta quelque temps et se laissa, bientôt prendre au charme de nos mœurs faciles. « Lady Hervey, dit lord Chesterfield à son fils, va passer tout l'hiver à Paris, où vous êtes ; je m'en réjouis pour vous. Elle n'a pas quitté les cours, et personne n'est plus jolie et plus gracieuse sans frivolité. Elle sait infiniment et ne le dit à personne ; c'est le ton de la parfaitement bonne compagnie, les manières les plus engageantes, et le je ne sais quoi qui plait. » Là-dessus, en véritable homme du monde, il invite son fils à se ménager l'ombre protectrice des ailes de lady Hervey ; cette dernière, à ce qu'il parait, accepta l'hommage, mais non le patronage. Une fois à Paris, et mêlée aux Boufflers, aux Créqui, aux Montmorency, elle quitta le moins possible cette douce civilisation, si veloutée et si piquante. « C'était une demi-française, dit lady Bute dans ses souvenirs. » On finit par la regarder à Londres avec une sorte d'envie. « Je la crois naturalisée française, dit lady Chesterfield ; elle n'est plus des nôtres. » Enfin Walpole, Français par la finesse de l'esprit, Anglais par l'originalité des goûts, se plaint, dans une de ses lettres, « de ce qu'elle raffole, dit-il, de tout ce qui est français. » Elle revint à Londres, à soixante-huit ans, le plus tard qu'elle put, pour y mourir en incrédule et « pour y mourir avec grâce, » dit encore Walpole. Au milieu d'affreuses tortures qui ne lui laissaient pas un moment de répit, elle écrivait à son fils, le duc de Bristol : « Je sens ma fin approcher ; mais je ne souffre pas : une vieille femme peut-elle rien désirer de plus ? » Walpole ajoute : « Ses dernières paroles furent convenables comme sa vie entière ; la convenance, c'est la grâce, et tout le monde peut se donner celle-là quand toutes les autres ont disparu. »

Ainsi s'opérait la double séduction de l'Angleterre par la France, et de notre société par les mœurs anglaises. Nous nous laissions prendre par le côté sérieux de nos voisins ; ils cédaient à l'attrait de la grâce et du, plaisir. Les idées hardies de Bolingbroke, l'incrédulité épicurienne de lady Hervey, que le sceptique Conyers Middleton avait élevée, descendaient à la fois dans les salons et dans le peuple, chez les bourgeois et les gens de lettres, préparés par la société de Ninon de Lenclos et par celle du Temple. Nous n'exercions pas sur les masses puritaines, sur les bourgeois commerçants, sur les hommes d'état de Londres, une semblable influence ; elle n'atteignait que quelques élégants et ne pénétrait pas plus loin que, la zone de Walpole, de Mary Hervey et de George Selwyn. L'échange n'était pas égal. Une organisation politique très forte, des finances prospères, un esprit national très âpre, résistaient à notre puissance de sociabilité et de volupté. Chez nous, une monarchie qui s'affaissait dans la banqueroute, et un énervement mêlé d'ardents désirs vers un avenir meilleur, assuraient la domination intellectuelle de nos voisins. Locke, Toland, Bolingbroke, Conyers Middleton, Chubb, vinrent renforcer les doctrines de Gassendi et les doutes voilés de Fontenelle. Bayle y mêla son érudition et son indifférence aiguisée. Mais toute cette influence des livres eût été absorbée et annulée en peu de temps, si le bouillonnement orageux de cette société anglaise n'eût sans cesse rejeté sur nous ses exilés, ses transfuges ou ses ennuyés.

Après Hamilton et Jacques II, voici Bolingbroke et Stormond, et surtout la belle lady Hervey, interprètes bien plus actifs par leur présence et leur action vivante, par leur exemple et leur jeu dans les intérêts de la société française, que la lettre morte des volumes imprimés. On peut retrouver, dans les lettres de Charlotte de Bavière, de Mme Desnoyers, de Voltaire, de Mme Dubocage, de Mme de Tencin, les traces vives de cette première impression. Il était évident que ce serait la société française qui serait entamée. Marie Hervey, elle-même, était revenue mourir à Londres. Walpole s'obstinait à défendre Shakespeare contre Voltaire, pendant que Diderot et Grimm, même Suard et Marmontel, sans compter les enfants-perdus, Mercier et Letourneur abandonnaient les anciens dieux, critiquaient Boileau, vantaient démesurément Richardson, osaient admettre *Othello* et *Hamlet* parmi les chefs-d'œuvre et ouvraient au grand William notre panthéon littéraire.

Il résulta de cette situation quelque chose de bizarre. L'impiété et la dévotion, Bolingbroke et Addison, Fielding et Richardson, Sterne et Goldsmith, c'est-à-dire ce que l'on peut imaginer de plus hostile et de plus contradictoire, pénétrèrent à la fois en France. L'élégant et populaire Addison était moral ; il n'eût pas été populaire sans moralité ; mais Sterne était parfois cynique, et n'en plaisait que davantage aux grands seigneurs. Quand la France, fatiguée de monarchie, voulut aussi être populaire, elle adopta la moralité d'Addison, sans se priver de Sterne et de son caprice hasardeux. Elle ouvrit Crébillon fils d'une main, et de l'autre feuilleta Richardson. Ce contraste se retrouve chez Diderot, qui décrit avec une verve si chaude les voluptés d'Otahiti, et vante la chasteté bourgeoise dans *le Père de Famille*. Le dernier terme de cette incroyable antithèse, c'est Louvet, héros de révolution, auteur de *Faublas*.

L'Angleterre en, masse ne nous rendait pas l'admiration dont nous couvrions toute sa société, ses violences, ses vices et ses vertus. Elle se moquait de nous, comme nous avions raillé, sous Louis XIV, nos imitateurs exagérés. La France était un peu dans la situation de Mme Du Deffand vis-à-vis de Walpole ; elle adorait un ingrat. Walpole et l'Angleterre avaient honte de se laisser prendre à la bonne grâce et aux caresses de l'antique monarchie, devenue frivole, et toujours aimable. Quant à nous, rien ne décourageait notre engouement ; nous imprimions à Paris un grand journal anglais, que personne ne comprenait, et que tout le monde faisait semblant de lire ; quiconque venait de Londres, était sûr de trouver son piédestal à Paris.

L'évêque Atterbury, jacobite exilé dont l'éloquence égalait celle de Chatham, mais dont le jugement n'égalait pas l'éloquence, vint aussi mourir en France, où, selon Selwyn, il voyait beaucoup les parlementaires. Après lui paraît Wilkes, cette parodie de Bolingbroke, qui se fit lord-maire quand il fut las de tourmenter la cour. C'était un satyre, horriblement laid, et en revanche fort libertin, qui disait sans cesse que, pour atteindre le cœur des femmes et l'emporter près d'elles sur le plus beau des hommes, il ne demandait qu'un jour d'avance. Hardi, violent, hâbleur, vénal, mauvais écrivain, grand charlatan, il représente comme le sommet éclatant du vice anglais à cette époque, du vice politique et du vice moral. Il fit un livre indécent, qui fut brûlé par le bourreau. Quel est ce vieux manoir éclairé de mille bougies, et que l'on voit étinceler sous l'ombre épaisse des chênes anglais ? Pourquoi ces longs cris de joie et d'ivresse, interrompus par les pédales de l'orgue et par les chants de l'église catholique ? Si vous payez le concierge qui est ivre (et tout le monde est ivre), il vous introduira dans l'intérieur du château. C'est le domaine de lord Dashwood, et c'est lui-même que vous voyez là-bas, au pied de l'autel, vêtu en prêtre qui officie, et parodiant indignement le sacrifice de la messe. Son premier assistant est Wilkes, l'autre est le poète Savage, l'ami de Samuel Johnson et le fils illégitime de la comtesse de Macclesfield. Voilà, vous vous en apercevez, une société énergique, et qui va jusqu'au bout des choses. Il n'y a pas d'obscénités, d'horreurs, d'infamies, que ce *club des franciscains* (l'association se nommait ainsi et portait le costume des moines) ne se permît sous ces voûtes féodales, qui devaient s'ébranler et frémir d'horreur. Là se réunissaient, sous la robe blanche et dans la vieille chapelle, à quelque fraction politique qu'ils appartinssent, les *freethinkers*, les « libertins, » comme ils se nommaient, et les mêmes rites immondes qui se répétaient tous les mois offraient le calque exact et fidèle des cérémonies du vieux culte. Aucune femme n'y était admise. L'œuvre immonde de Wilkes fut imprimée par les franciscains, et dans le château de lord Dashwood.

Ce groupe échevelé et extravagant des Wilkes, des Wharton, des duchesses de Kingston, et des lady Montagu, n'eut pas d'expression littéraire véritable ; on ne le voit se refléter complètement dans aucun livre. Le grand-chambellan ne l'eût pas souffert ; le jury était prêt à sévir ; la bourgeoisie rauque et entêtée eût fait brûler le livre et pendre l'auteur. Sterne seul osa et sut reproduire quelques éclairs de ces témérités capricieuses ; il fut obligé d'y mêler bien des larmes et des mystères, bien de l'analyse sentimentale et de l'érudition moqueuse. Il fit passer le tout à la faveur du style le plus ondoyant et le plus chatoyant de reflets incertains qui puisse s'imaginer. Aussi vécut-il avec les grands et les belles dames, qui tous raffolaient de lui et voulaient l'avoir à dîner. C'est le secret de sa gloire vivante ;

c'est par ce côté qu'il touche à Crébillon fils, métaphysicien des boudoirs, analyste des caprices, né dans une société bien différente de celle de Sterne. Quant à Sterne, — au pauvre Yorick, — singulier produit des choses bigarrées de l'Angleterre, prêtre métaphysique, cynique et calviniste, bouffon et larmoyant, sensuel et indifférent ; — ce qui lui donne une valeur sérieuse, c'est qu'il est grand artiste de style au milieu de sa fantaisie et profondément triste dans sa joie, comme toutes les amer qui se creusent avec égoïsme et tous les esprits déchirés.

Quelquefois un rejaillissement de ce cynisme étouffé, qui se cachait dans le château de lord Dashwood, atteignait le plus grand monde, et touchait à la royauté même. Lord Cobham pariait (j'en demande pardon à mes lecteurs) qu'il cracherait, en plein salon, dans le chapeau de son ami lord Hervey, et le faisait ; Taaffe et le fils de lady Montagu venaient à Paris, crochetaient le secrétaire d'un juif et le volaient ; ce qui les conduisait droit au Grand-Châtelet : leur seule qualité d'Anglais les sauva. Le Wauxhall, le Ranelagh, créations anglaises de l'époque, les bals par souscription, qui réunissaient toutes les nuances de la fortune, du pouvoir, des titres et de la beauté, recevaient la vive empreinte de cette bizarrerie comprimée, de cette effervescence contenue par le puritanisme des classes inférieures et du monde dévot. La France, si mollement sceptique, si doucement élégante, et trop voluptueuse alors pour être effrénée, n'avait rien de pareil, et la réception même de Mme Du Barry à la cour, qui causa tant de scandale, se passait bien plus paisiblement que la curieuse fête qui mit en émoi la haute société de Londres en 1749 et dont une jeune femme du temps fait ainsi la description :

— « Je suis heureuse (mistriss Montagu écrit en ces termes à sa sœur) d'avoir tardé si long-temps à vous écrire ; mais les affaires et les plaisirs sont tombés sur moi comme des torrents. J'ai passé plusieurs jours à me préparer au bal masqué par souscription, où je devais paraître dans le costume de reine-mère, en satin blanc, avec des crevés de belle dentelle neuve, fichu, manchettes, collier de perles, boucles d'oreille, des perles et des diamants dans les cheveux, et coiffée à la Vandyck. Mistriss Trevor et les deux ladies Stanhope s'étaient occupées de me parer, tellement qu'une fois dans ma vie, j'étais bien habillée. Miss Charlotte Fane était vêtue comme la femme de Rubens et extrêmement bien nous sommes entrées ensemble. Miss Chudleigh était habillée ou plutôt déshabillée d'une manière remarquable. Elle était en Iphigénie, prête au sacrifice, mais tellement nue, que le sacrificateur pouvait inspecter à son aise les entrailles de la victime (*might easily inspect the entrails of the victim*). Les demoiselles d'honneur, qui ne sont pas les plus rigides des demoiselles, en furent si offensées qu'elles ne voulurent pas lui parler. Mistriss Pitt[1] se montra belle comme si elle fût tombée du ciel vêtue en chanoinesse. Les unes semblaient jolies, les autres riches. Tous les diamants de Londres s'étaient donné rendez-vous. Je pris la brune mistriss Chandler pour une nuit semée d'étoiles. La duchesse de Portland n'avait pas de diamants... J'imagine que vous aurez entendu parler du nouveau livre de lord Bolingbroke ; il est assez court pour nous permettre, à nous autres oisifs et oisives, de le lire ou de le parcourir. »

Nous avons copié, dans son aimable frivolité, ce billet d'une, femme, où le nom de Bolingbroke apparaît avec tant d'effet ; mais pour assister à la fête anglaise du XVIIIe siècle, il faut consulter Selwyn et Walpole, gens à la mode, qui ne manquèrent pas de s'y rendre et complètent le tableau. « Le roi portait, dit Walpole, un habit de gentilhomme anglais de la vieille roche : il le portait fort bien ; un des masques qui fit semblant de se tromper et de le croire un valet, lui donna sa tasse à garder pendant qu'on buvait le thé ; sa majesté prit bien la chose et fut charmée de l'aventure. Le duc de Cumberland, vêtu de la même manière, était énorme et colossal. On a remarqué la duchesse de Richmond, en costume de femme du lord-maire du temps de Jacques Ier, et lord Delawarr en concierge du palais d'Élizabeth ; c'étaient d'admirables fac-si-mile. Mistriss Pitt, sous un voile rouge, était d'une éclatante beauté. Quant à miss Chudleigh Iphigénie, elle représentait bien plutôt Andromède ; elle était nue. » - Walpole n'en dit pas davantage.

Les suites de ce bal par souscription sont des plus piquantes. Selwyn, qui s'en amuse beaucoup, fait ressortir cet extraordinaire mélange de pruderie, d'audace et d'originalité, étranger à la France de Louis XV et de Mme de Pompadour. La princesse de Galles, Allemande et sentimentale, trouvant le déshabillé d'Iphigénie trop succinct, détacha le long voile de malines dont elle était parée, et

---

1 Femme de George Pitt devenu lord Rivers.

se dirigeant vers miss Chudleigh, le jeta, en présence de tous, sur les belles épaules de la victime. La princesse passait pour accorder au grave et solennel lord Bute une préférence secrète. Miss Chudleigh ne se déconcerta pas, mais arrangeant le voile dont les plis tombaient autour d'elle, et saluant profondément la princesse : — « Votre altesse royale, lui dit-elle, sait bien que tout le monde a *son but.* » - Le mot était insolent, cynique et singulier. Quant au roi, qui avait complaisamment tenu les tasses de ses jeunes sujets, et qui avait alors soixante-sept ans sonnés, il vit les choses d'un œil plus indulgent. « Au bal suivant, dit Selwyn avec sa négligente malice, notre monarque eut pour agréable de se croire amoureux d'Iphigénie ; à telles enseignes, qu'il acheta pour sa belle, dans une des boutiques (le bal était une foire), une montre qui lui coûta 35 guinées ; — de vraies guinées, qu'il tira en espèces réelles, de sa propre bourse, et qui ne figurent pas sur sa liste civile. — Le lendemain, reprend Walpole, Orondate est monté à cheval comme il a pu, et a rendu ses devoirs vacillants à miss Chudleigh. »

Dans ce moment même, Richardson écrivait ses romans puritains, qui se vendaient à dix mille exemplaires ; les philosophes français fondaient l'Encyclopédie, le congrès américain s'assemblait, et la comtesse Du Barry était reçue à la cour de France. Comment ne pas s'écrier avec le vieux dramaturge : « *A mad World, my masters* ! Le monde est fou, mes maîtres ! ».

Cette miss Chudleigh, si belle en Iphigénie ou en Andromède, vint à son tour mourir en France, où elle avait acheté Sainte-Assise sous le nom de la duchesse de Kingston, et ce n'est pas une des moins étranges parmi ces excentricités qui, n'osant ou ne pouvant pas demeurer à Londres, trop marquées et trop vives pour qu'on les y souffrît, accouraient en France et amortissaient l'âpreté de leurs frasques dans la grace ironique de nos mœurs. Le duc de Wharton, à Rouen, le laid Wilkes prêchant le magnétisme amoureux, dans les salons de Mme de Mirepoix, l'originale lady Montagu et son fils, la bizarre duchesse de Kingston à Sainte-Assise ; c'est bien là tout ce que l'Angleterre au XVIIIe siècle a produit de plus étrange. Si vous y joignez plus tard l'informe Gibbon, le flegmatique Hume, le taciturne Hales, vous formerez une assemblée d'extraordinaires mortels qui ont dei singulièrement désennuyer nos pères et secouer leur mollesse.

Que vous dire de cet autre aventurier, qui s'en allait, avec une maî-
tresse, de Londres à la Jamaïque, et de la Jamaïque à Paris, et qui,
ruiné par le voyage et sa compagne, n'ayant plus de culottes, entrait
un matin chez Grétry, ne le trouvait pas, détachait d'un porte-man-
teau le vêtement nécessaire, et partait ? Le soir, comme l'ami avait
reconnu l'objet volé qui parait Hales (c'était son nom), -« N'est-ce
pas là ma culotte ? lui demanda-t-il. — Oui ; je n'en avais pas. » Il
alla souper avec Grétry, s'amusa de Panard, amusa Voisenon, demanda l'aumône à tout le monde, se laissa transformer en *Dhèle*,
au lieu de *Hales*, mot qui sonne à peu près de la même façon, et
écrivit *le Jugement de Midas*. Il était arrivé de la Jamaïque pour
faire des opéras-comiques à Paris.

Ce n'était pas là une exception, mais la règle. De 1740 à 1780,
l'Angleterre jacobite, presbytérienne, puritaine, aristocratique et
bourgeoise, déchirée par ces éléments enflammés, tous énergiques,
livrée à des mouvements dont la France ne pouvait se faire aucune
idée, ne cessait pas de jeter sur nous son écume, ses scories, ses débris éclatants, quelquefois sa fange. Quand on ne veut reconnaître
que dans les livres l'histoire des choses, et même celle des litté-
ratures, on se trompe beaucoup. Toutes les idées et toutes les influences ne s'écrivent et ne s'impriment pas ; telles sont celles dont
nous signalons ici la transmission ignorée. Au XVe siècle, pendant
ce premier XVIIIe siècle, la même chose est advenue. La foule des
Italiens savants et des Grecs fugitifs, qui couvrit l'Allemagne et les
régions du Nord, prépara la réforme et sema des germes de feu que
l'on n'a pas aperçus quand l'incendie eut éclaté. En de tels cas, on
se regarde, on se toise, on s'étonne, on se fait de mutuels emprunts,
mais on ne s'en aime pas davantage et l'on ne se transforme pas. La
France, sans vie politique et amoureuse de l'élégance des mœurs,
ne pouvait improviser ni un Bolingbroke, ni un Chatham, ni le tribun Wilkes ; la vie politique de l'Angleterre, tumulte réglé, combat
en champ-clos, ne pouvait s'accommoder des mœurs de Crébillon
fils. C'est donc une idée tout-à-fait fausse que cette prétendue fusion des deux pays, qui ne se touchèrent que par leurs surfaces, et
souvent se repoussèrent quand ils semblaient se mêler.

Les plus utiles chroniqueurs de ce mouvement bizarre, composé
de haine et de désir, étaient précisément ceux qui flottaient à la
surface des deux sociétés, sans lest et sans poids, comme Selwyn,

allant de l'une à l'autre, convenant à toutes deux, n'aimant rien, s'amusant ou cherchant à s'amuser de tout, et servant de conducteurs aux impressions, non pas les plus profondes, mais les plus acceptables. Debout devant la cheminée de Mme Du Deffand, le grand et pâle Selwyn, avec sa lèvre abaissée et son sourire *incurieux* plutôt que moqueur (il avait du Benjamin Constant), était aussi bien placé qu'à la table de jeu de White, où le même sourire innocent ne le quittait pas. A Paris, il apporte des confitures anglaises ; à Londres, il lui plaît un jour de se faire déposer en chaise à porteur au beau milieu d'un salon ; personne ne se formalise de cette facétie. Il ne met point, comme Horace Walpole son ami, de gravité dans ses goûts frivoles ; il ne touche ni au pédantisme des vieux meubles, ni à la fatuité du dédain. La vie est une glace sur laquelle il glisse ; et, pour se donner une émotion, il joue, embrasse un enfant et va voir pendre. Si l'on veut absolument le classer, c'est au groupe des joueurs qu'il appartient ; il n'a que cette passion qui dévore toutes les autres.

Parlez-moi de Walpole, si voulez tirer de ce groupe raffiné un représentant littéraire. Quelle grâce, quel talent de raconter ! quelle vive et douce finesse ? Il est en dehors de la société et veut jouir de sa fortune et de ses goûts. Il fait un peu de politique et se montre à la chambre, juste ce qu'il faut pour ne pas se laisser décaster. Il aime le paysage comme on se plaît à un jeu de salon, les tableaux comme on s'amuse d'un ballet nouveau, le gothique comme un joujou favori. Cette multitude de petits goûts sérieux lui font une vie très occupée, où il trouve moyen d'accumuler toutes les futilités et de se moquer de toutes les gravités.

A l'autre extrémité du même état social, vous voyez l'esprit puritain se déployer dans Richardson, s'emparer du peuple, dominer les masses malgré la résistance de Fielding, et s'étendre jusqu'en France, où Diderot, qui vient d'écrire *les Bijoux indiscrets*, patrone et glorifie la sévérité de Paméla, de Clarisse et de Grandisson. La sagesse bourgeoise, un peu humanisée, conquiert son organe vigoureux dans la personne et les écrits de Samuel Johnson, moins dévot et moins sentimental que Richardson, — intelligence mâle et sincère, dont le portrait le plus détaillé se trouve dans l'ouvrage unique de Boswell.

Il y a quelques livres charmants et niais ; celui de Boswell, très bien réédité par M. Croften Croker, est de ce nombre. Bon écouteur, charmant rapporteur que Boswell ! Il dit tout sur son héros et sur lui-même. Il montre Samuel en pied, debout, assis, couché, renversé, de côté, dans toutes les attitudes, sous toutes les faces, dans son complet, comme la daguerréotypie reproduit les hommes, avec taches, rides, verrues, un approfondissement merveilleux de toutes les 'laideurs. Après tout, cela est vrai.

Il est curieux d'observer là le groupe anglais des demi-puritains littéraires, le calvinisme adouci et insinué dans la vie privée, représentés par Samuel Johnson et son cercle. Il aimait Baxter et les puritains. Il aurait volontiers pris le parti des Stuarts ; mais, homme raisonnable, il s'arrêtait devant l'impossible. L'excès de sa raison condamnait la fantaisie ; c'était l'ordre sans la liberté, la gravité sans l'élan. Sa phrase est carrée et massive ; son bon sens n'est pas vulgaire, mais monumental. Ses compatriotes l'appelaient l'*éléphant*, et n'avaient pas tort : sagacité, activité, régularité, se trouvaient à la fois chez le colosse ; mais l'exagération de cette raison mâle et solennelle a subi le même malheur et la même décadence qui ont frappé les légères intelligences et les esprits sans profondeur. On ne le lit guère plus ; ses travaux philologiques ont seuls conservé du prix.

Il soutint fortement et jusqu'au bout la vieille moralité anglaise, dont il était la personnification et le dernier symbole. Je ne sache rien de plus étranger ou de plus contraire au caprice de Byron, à la sentimentalité de Wordsworth, à la divagation de Sterne. D'ailleurs estimable et même admirable en mille choses et surtout par le courage moral, l'énergie opposée aux obstacles, Samuel Johnson est un héros de cet ordre. La misère ne lui enleva pas sa dignité ; au service des libraires, il ne fut ni bas ni arrogant. Pensionné de l'état, il ne flatta et n'injuria personne. Les qualités intellectuelles dont il possédait le germe, il les développa sans relâche ; elles acquirent une maturité féconde. Les qualités qui lui manquaient, il n'essaya point de les acquérir ou de les enter sur sa nature.

Il faut le voir à Paris quand il vient y passer huit jours ; l'éléphant s'est égaré dans un bosquet de rosiers nains. Il ne comprit nullement les Parisiens, et ceux-ci qui l'entrevirent ne le comprirent pas davantage ; ils avaient admiré Hume le sceptique et Wilkes le tribun, eux qui, à l'aspect de ce gros homme qui parlait latin, qui n'avait ni jabot ni épée, et qui se roulait plutôt qu'il ne marchait ; en face de son habit brun, de ses culottes couleur tabac et de son vieux chapeau ils ne savaient que dire et que penser. Mme Du Deffand lui montra sa bibliothèque : il en tire, *le Prince Titi et Acajou* ; le lourd moraliste se prit à rire d'un de ces énormes rires dédaigneux qui n'appartenaient qu'à lui, absolument comme un géant auquel on offrirait : pour son dîner deux veufs d'oiseau-mouche ; et Mme Du Deffand, avec une dignité offensée, dit à sa cameriste de refermer bien vite l'armoire d'acajou.

Rien n'était moins français que ce solide tory, qui visitait la France, prête, en 1775, à détruire sa monarchie ; aussi ne fit-elle pas la moindre attention à Johnson. Pour lui, le bruit de Paris l'ennuyait ; il aimait mieux les Hébrides et leurs solitudes hérissées de glaces ; non qu'il fût poète, tout au contraire ; mais sa raison grave devinait et redoutait les crises voisines ; il avait le coup d'ail pesant et profond. « A côté de Paris, dit-il, sur les grandes routes, aucun mouvement ; » il aperçoit la stagnation du commerce. « Pas de classe moyenne à Paris, dit-il encore. Cette heureuse bourgeoisie anglaise manque à la France ; » - rien de plus vrai. Il revient souvent à cette idée qui suffirait pour annoncer la révolution française, si tant de causes ne l'annonçaient ; à diverses reprises, il s'en effraie à juste titre. La création de la classe moyenne, qui est aujourd'hui régnante, a été trente ans à se faire.

Ce même Johnson, l'anglican tory, est presque un catholique, Parmi les faits historiques que l'auteur de cette étude voudrait voir établis, il en est un qui touche à trop de passions pour ne pas être combattu longtemps encore ; c'est l'analogie du protestantisme avec la race germanique, et celle du catholicisme avec la race romaine ; analogie et non identité. Le schisme vivait entre les races avant de s'élever entre les dogmes. La révolte protestante du XVIe siècle est bien plus une affaire de haine nationale et de joug brisé, qu'une affaire de croyance. Ecoutez le représentant de l'église anglicane, au XVIIIe siècle, Samuel Johnson. Il est déjà puséyte ; catholique par le dogme, il hait le pape comme Anglais. Sa race se révolte ; sa raison consent. Il excuse la confession, admet le purgatoire, ne blâme pas le culte des saints, et ne regarde pas les indulgences comme ridicules. Que blâme-t-il donc ? L'autorité papale, le joug du midi, Rome, souveraine.

Si l'on veut, après avoir lu Selwyn, Boswell, Walpole, Garrick, Mmle Piozzi, mais surtout Walpole et Boswell, classer tous ces groupes différeras, selon le degré de sévérité puritaine qui les distingue, et selon le degré de leur adhérence au génie populaire, Johnson et son groupe, avec miss Thrale, miss Burney, Boswell, ne viendront que les troisièmes. Avant eux ; marchent d'abord les saints proprement dits, les prophètes, Huntington, Henley, la plupart charlatans, et prêchant dans les carrefours ; la queue de Cromwell, En seconde ligne viennent Richardson et ses dévotes, armés de *Paméla*, de *Grandilsson*, et d'une montagne de sermons calvinistes. La nuance s'adoucit avec Samuel Johnson, qui donne la main d'une part aux mondains, à Garrick, à Reynolds, à Burke, d'une autre aux fanatiques et aux sévères, Richardson et Huntington. Goldsmith, le charmant moraliste, se rattache à ce groupe curieux, dont il est le jouet, parce qu'il est naïf dans ses prétentions au beau monde. Le degré d'estime et de vénération de Johnson pour l'ingénu Goldsmith est touchant et honorable.

Remontez encore ; vous trouvez les ombres, les esprits fades et languissants, qui ne sont rien que des plumes trempées d'encre : Mallet, Cumberland, Hawkesworth. Passons vite. Leur moralité est terne, et leur bon goût sans saveur. Arrivons jusqu'à Walpole ; c'est là que commence la sphère polie et élégante ; là Bentley le commentateur, Gray le poète, les charmantes Gunnings, Horace Mann, se donnent rendez-vous ; la France se laisse apercevoir, et Mme Du Deffand est au fond de la perspective. Si vous voulez vous éloigner davantage de la région puritaine et populaire, au-dessus même de Walpole, vous trouvez son ami George Selwyn, l'homme comme il faut par excellence, parce qu'il ne fait rien, et que Walpole fait une multitude de riens. Ce monde spécial de Selwyn vous mène à lord March et à son sérail, essaim d'Italiennes et d'actrices aimables ; il nous rapproche des Wilkes et des duchesses de Kingston, forcés de s'expatrier, tant ils choquent profondément le sentiment national. Ce sont eux précisément que la France tonnait ; c'est Wilkes, c'est Bolingbroke, l'évêque conspirateur Atterbury, Wharton l'extravagant, Montagu le fou. Elle lit *l'améla*, et s'abreuve d'Young ; elle ne sait pas qu'Young fait de l'or avec ses pleurs, qu'il partage les orgies de Marie Wortley Montagu et de Wharton, et que c'est le plus vénal des mendiants lugubres ; elle ne sait pas que Richardson réunit en lui-même beaucoup du Tartuffe et un peu de l'Avare ; elle admire à la fois tout ce qui lui vient de ce pays libre. La France généreuse aurait-elle été dupe ?

Ainsi l'influence littéraire, que l'on a seule aperçue, vient compléter l'influence vivante et personnelle que nous avons essayé de signaler, celle des Bolingbroke, des Hamilton, des lady Hervey, des Stormund, des Atterbury. Comptez, si vous le pouvez, les personnes importantes avec lesquelles ces exilés ou ces voyageurs se trouvèrent chez nous en contact ; les joyeux soupers, les amours tristes ou heureuses, les alliances d'esprits, les échanges d'idées, les conversations que personne n'a recueillies, les impressions reçues et rendues, les sympathies et les haines nées de ce croisement des intelligences. Voici Wharton à Rouen, Bolingbroke à Orléans et à Paris, Hamilton à Saint-Germain, lady Hervey chez la duchesse de Montmorency, Atterbury chez le président Hénault ; Hales, qui se fait appeler D'Hèle, soupant avec Préville, Collé et l'abbé de Lattaignant. Chacun de ces hommes vivant, agissant, parlant dans son groupe, n'a-t-il pas sur ce qui l'entoure plus de prise, de valeur et d'action que l'ouvrage le mieux fait ?

On ne se rappelle plus ces hommes que leur activité même a jetés hors de chez eux comme la lave hors du volcan, et qui ne sont plus que cendre. Ils agirent très vivement sur notre pays. Êtres remuants et sympathiques, ils vécurent parmi nous, et notre société amollie et ingénieuse leur fut comme livrée. Après eux seulement parurent Hume, qui s'étendait dans son grand fauteuil, bâillant et croisant ses mains sur son abdomen en attendant que les marquises adorassent sa laideur ; Gibbon, dont la caricature amusait la sévérité de Mme Necker ; le froid Robertson correspondant avec M. Suard ; Sterne, dont le passage fut inaperçu malgré ses efforts, et bien qu'il s'agenouilla en pleurant devant le Henri IV du Pont-Neuf. Ce furent les gens du monde qui ouvrirent la tranchée et frayèrent la route ; ils semèrent leurs doutes et leurs idées, et préparèrent l'admiration et l'étude des écrits. Si cela était donné à l'homme, si la mort et le passé n'avaient pas d'impénétrables voiles, je voudrais étudier le mouvement de la vie dans sa réalité même, persuadé que les hommes sont bien plus importants que les livres ; — le livre le plus beau n'est qu'un fragment incomplet de la pensée humaine, un reflet égaré de l'homme qui l'a conçu, — et comme le débris d'un débris.

ISBN : 978-1985063068

www.ingramcontent.com/pod-product-compliance
Lightning Source LLC
Chambersburg PA
CBHW070933220526
45468CB00005B/1759